Luiz Eduardo Anelli e

PTEROSSAUROS BRASILEIROS

Ilustrado por Douglas Franchin

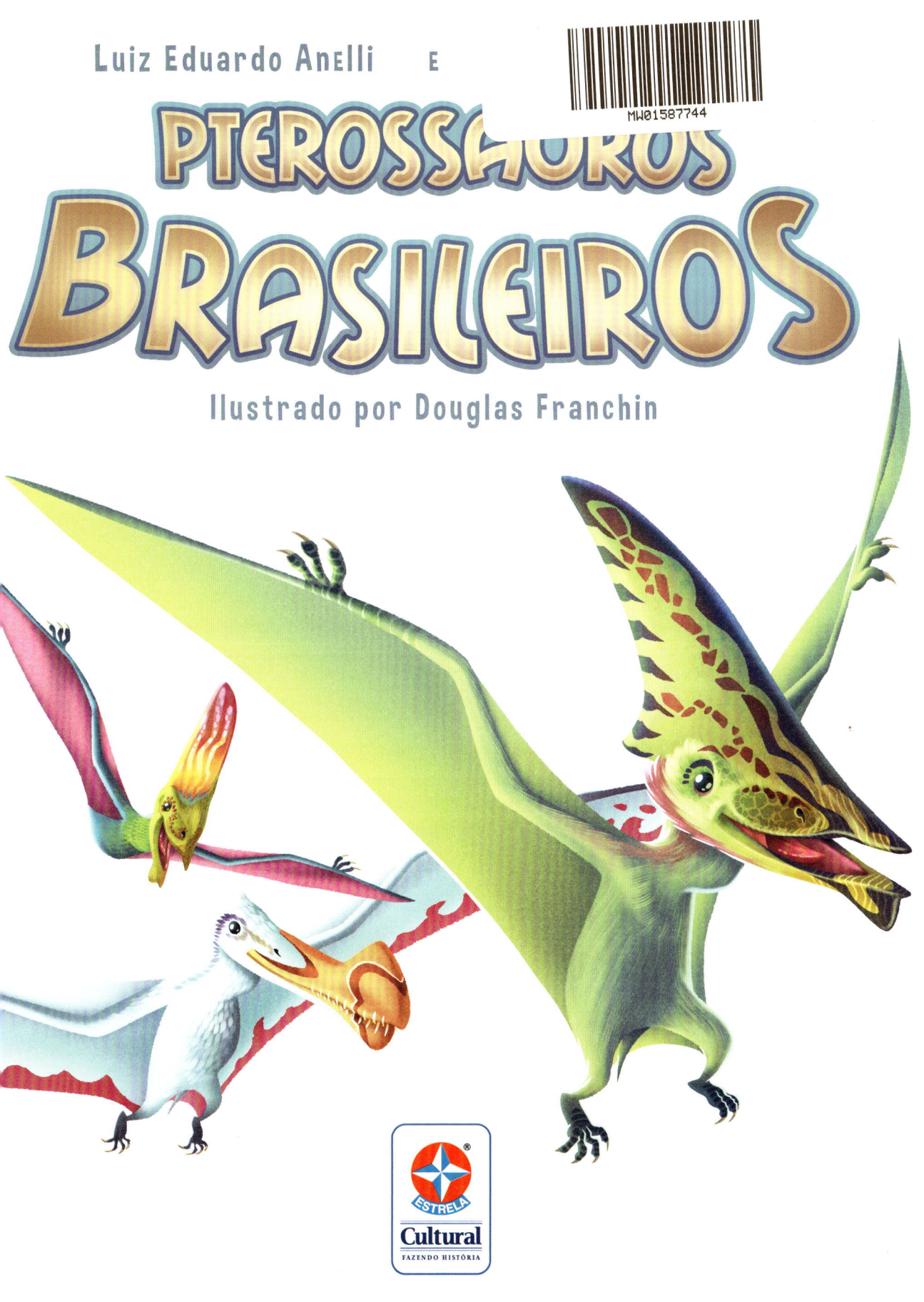

© 2019 – Todos os direitos reservados

GRUPO ESTRELA
Presidente: Carlos Tilkian
Diretor de marketing: Aires Fernandes
Diretor de operações: José Gomes

EDITORA ESTRELA CULTURAL
Publisher: Beto Junqueyra
Editorial: Célia Hirsch
Assistente editorial: Ana Luíza Bassanetto
Ilustrações e projeto gráfico: Douglas Franchin
Revisão de texto: Luiz Gustavo Micheletti Bazana

Dados Internacionais de Catalogação na Publicação (CIP)
(Câmara Brasileira do Livro, SP, Brasil)

Anelli, Luiz Eduardo
    Pterossauros brasileiros / Luiz Eduardo Anelli, Celina Bodenmüller ; [ilustração Douglas Franchin]. -- Itapira : Estrela Cultural, 2019.

    ISBN 978-85-45559-64-1

    1. Paleontologia 2. Pterossauros - Literatura infantojuvenil I. Bodenmüller, Celina. II. Franchin, Douglas. III. Título.

19-27492					CDD-028.5

Índices para catálogo sistemático:

1. Pterossauros : Literatura infantil   028.5
2. Pterossauros : Literatura infantojuvenil   028.5

Cibele Maria Dias - Bibliotecária - CRB-8/9427

Proibida a reprodução total ou parcial, de nenhuma forma, por nenhum meio, sem a autorização expressa da editora.
1ª edição – Itapira, SP – 2019 – IMPRESSO NO BRASIL
Todos os direitos da edição reservados à Editora Estrela Cultural Ltda.

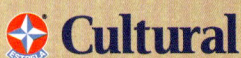

Rua Roupen Tilkian, 375
Bairro Barão Ataliba Nogueira
13986-000 – Itapira – SP
CNPJ: 29.341.467/0001-87
estrelacultural.com.br
estrelacultural@estrela.com.br

Pterossauros brasileiros apresenta uma aventura no mundo da nossa pré-história.

Naquele tempo, a Terra era muito diferente. Os continentes e os oceanos eram outros, assim como os animais e as plantas que os habitavam.

No Brasil, répteis voadores, os pterossauros, eram animais comuns. Eles viveram em várias regiões do território brasileiro. Sabemos disso porque hoje seus fósseis são encontrados pelos paleontólogos em rochas com até 110 milhões de anos.

É possível que tenham vivido por aqui até 66 milhões de anos atrás, quando foram extintos com a maioria dos dinossauros.

Os paleontólogos trabalham como se fossem detetives. Eles procuram pistas sobre a existência de vida do passado da Terra. Essas pistas são os fósseis, que incluem vestígios das bactérias, dos primeiros animais, dos dinossauros, dos pterossauros, das plantas e dos seres humanos.

Fósseis podem ser restos, como ossos e conchas de animais, e carvão ou madeira petrificada de vegetais, além de muitas carapaças deixadas por microrganismos.

Mas também podem ser apenas vestígios, como pegadas, rastros, coprólitos (cocôs fossilizados), ninhos e ovos. Graças ao trabalho dos paleontólogos, foi possível conhecer e contar para você, neste livro, as histórias desses incríveis animais.

O TEMPO GEOLÓGICO

FANEROZOICO

CENOZOICO
- holoceno
- pleistoceno
- plioceno
- mioceno
- oligoceno
- eoceno
- paleoceno

MESOZOICO
- Cretáceo
- Jurássico
- Triássico

PALEOZOICO
- Permiano
- Carbonífero
- Devoniano
- Siluriano
- Ordoviciano
- Cambriano

PROTEROZOICO

ARQUEANO

HADEANO

A escala do tempo geológico representa um intervalo aproximado de 4,6 bilhões de anos. Nesse tempo, a Terra nasceu como um planeta no Sistema Solar, os oceanos e a atmosfera se desenvolveram, a vida se originou e ocupou praticamente toda a sua superfície.

Assim como organizamos o tempo em anos, meses, semanas e dias, o tempo geológico é organizado em éons, eras e períodos, que representam bilhões e milhões de anos.

Pangea significa "toda a terra" e foi o nome dado ao supercontinente que existiu por 130 milhões de anos, desde o final do período Carbonífero (há 300 milhões de anos) até meados do período Jurássico (há cerca de 170 milhões de anos).

Ele reunia todos os continentes que hoje conhecemos. Foi durante a existência desse supercontinente que os primeiros dinossauros, pterossauros e mamíferos evoluíram.

TROPEOGNATO: O GIGANTE DOS CÉUS

As rochas nas quais o crânio do Tropeognato foi encontrado são como bolotas. Elas são feitas de calcário e chamam-se concreções. Formavam-se quando grandes animais chegavam ao fundo do imenso lago-mar que cobria o nordeste do Brasil.

Esse lago-mar existiu por cerca de 5 a 10 milhões de anos, entre 115 e 105 milhões de anos atrás, na metade do período Cretáceo.

Muitos milhões de anos se passaram para que as rochas subissem à superfície. A erosão as expôs nas encostas de uma grande região hoje chamada Chapada do Araripe, no Ceará, e também nos estados de Piauí e de Pernambuco.

Os paleontólogos acreditam que os Tropeognatos sempre pousavam em lugares mais altos, como penhascos. E que, de lá, decolariam batendo as asas do mesmo jeito que as aves.

Seu corpo era coberto por fibras, que seriam penas primitivas, como nos dinossauros, e que mais tarde foram usadas pelas aves para voar.

A presença das penas é mais uma característica que mostra que os tropeognatos e os dinos eram primos próximos.

A aparência dos tropeognatos não era sem graça. É provável que a penugem que cobria o corpo fosse colorida como a das aves e a de vários dinossauros. Pense que até hoje existem muitos bichos coloridos.

As cores ajudavam na comunicação na época da reprodução ou na defesa do território. As penas mostravam quem era da mesma espécie e diferenciavam machos de fêmeas.

E mais: os filhotes precisavam de cuidados, pois nasciam como as aves, que não sabem voar. Eram alimentados com uma massa de peixe trazida pelos pais nas primeiras semanas de vida.

Nas águas rasas vivia um imenso dino pescador, o *Irritator*, que chegava a 8 metros de comprimento.

Embora preferisse comer peixes, o *Irritator* era uma ameaça para os tropeognatos. Se ele resolvesse atacar, estes estariam em desvantagem, pois eram corredores bem desengonçados.

Os pterossauros foram os primeiros animais vertebrados a voar. Fizeram isso 80 milhões de anos antes dos primeiros dinos voadores, as aves, e pelo menos 160 milhões de anos antes dos primeiros mamíferos voadores: os morcegos.

O fóssil do Tropeognato está atualmente na Alemanha. Ele foi vendido para aquele país sem autorização, pois o comércio de fósseis é proibido no Brasil. Seria melhor se fosse exibido em um museu ou guardado em uma universidade por aqui, assim seria conhecido por mais brasileiros.

A Chapada do Araripe é hoje um geoparque e todos podem visitá-lo e conhecer as rochas nas quais o fóssil do Tropeognato, de dinossauros, peixes, insetos e vegetais foram encontrados.

No alto da Chapada fica a primeira floresta nacional brasileira. Lá existe uma vegetação típica da região semiárida.

NOME CIENTÍFICO
Tropeognathus mesembrinus

TIPO
Pterossauro anhanguerídeo

ONDE FOI ENCONTRADO
Cidade de Santana do Cariri, no Ceará

COMPRIMENTO DO CORPO
1,80 metro

ALIMENTOS PREFERIDOS
Peixes

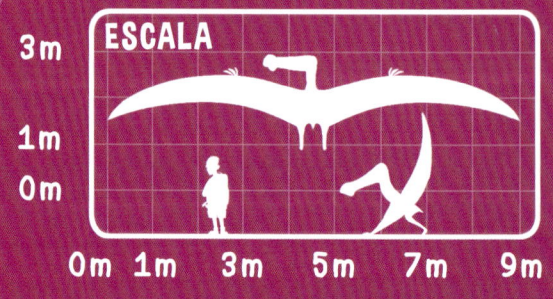

TUPANDÁCTYLO: O MARINHEIRO-VOADOR

Olá, vamos conhecer o *Tupandactylus navigans*, o "marinheiro-voador"!

Esse nome é uma homenagem ao mito tupi-guarani de Tupã, o mensageiro de Deus em forma de trovão.

Dactylus se refere ao grande dedo anular, que se prendia à asa. E *navigans* é uma referência à crista no alto da cabeça, que tinha a forma de uma vela de barco.

O seu fóssil, que inclui a cabeça e a longa crista, foi descoberto nas rochas Santana do Cariri, no nordeste do Brasil, e tem 110 milhões de anos de idade.

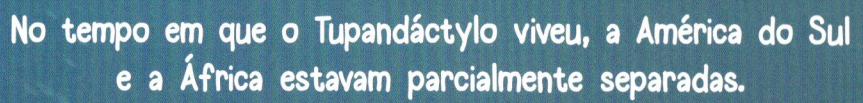

O lago-mar Araripe foi um Jardim do Éden na pré-história brasileira: cheio de bichos de todos os tipos, como outros pterossauros, dinossauros, peixes, insetos e muitas plantas.

Havia mais pterossauros com crista na região. A do *Tupandactylus imperator* era grande, arredondada e de tecido mole. Já a do Talassodromeus era óssea, ficava sobre a cabeça e chegava a ser maior do que seu tronco.

Em terra vivia um pequeno dino chamado Mirísquia. Era um esperto predador emplumado que se alimentava de insetos, muito comuns naquele lugar.

As águas do lago estavam repletas de tartarugas. Elas se alimentavam de algas e de folhagens que já cresciam por lá.

A crista do *Tupandactylus navigans* poderia ter várias funções, mas os cientistas ainda descobrirão qual é a mais importante. Existem muitas possibilidades.

As finas artérias e veias na crista talvez fossem úteis na troca de calor: para que o corpo não aquecesse demais durante o voo e para que pudesse perder calor nos dias quentes.

Muito colorida, a crista poderia ter o mesmo uso dos coloridos bicos dos tucanos de hoje, isto é, chamar a atenção das fêmeas durante a época do acasalamento.

Como não havia dentes na boca do Tupandáctylo, alguns paleontólogos desconfiam que ele se alimentava de frutos ou de estruturas de reprodução da welwítsquia, uma planta especial da região.

Como nas aves modernas, esses pterossauros também tinham um bico de queratina que se encaixava nas extremidades do focinho. Era útil para cortar frutos, folhas e outros petiscos saborosos.

O Tupandáctylo foi um ágil voador porque seus ossos eram ocos como os das aves. Isso deixava seu esqueleto ainda mais leve, facilitando o voo.

Nas membranas que formavam as asas e a crista existiam hastes fibrosas, parecidas com as das penas das aves. Serviam para reforçar as grandes e finas membranas, impedindo que se rasgassem.

Com 2,5 metros de envergadura, o Tupandáctylo reunia o que há de melhor nos morcegos, verdadeiros acrobatas, mas também a capacidade de planar das grandes aves de hoje.

O único esqueleto completo conhecido de um Tupandáctylo foi resgatado no porto, pouco antes de ser levado ilegalmente para fora do Brasil. Hoje ele está bem guardado no Instituto de Geociências da Universidade de São Paulo.

Répteis voadores existiram durante a Era Mesozoica ao longo de 160 milhões de anos. Foram extintos no final do período Cretáceo, 66 milhões de anos atrás, com a maioria dos dinossauros.

O Brasil é um dos lugares do mundo onde mais se encontram fósseis de pterossauros, com quase 20 espécies conhecidas.

Os esqueletos desses pterossauros estão entre os maiores tesouros da pré-história brasileira.

NOME CIENTÍFICO
Tupandactylus navigans

TIPO
Pterossauro tapejarídeo

ONDE FOI ENCONTRADO
Cidade de Santana do Cariri, no Ceará

COMPRIMENTO DO CORPO
0,95 metro

ALIMENTOS PREFERIDOS
Provavelmente frutos e peixes

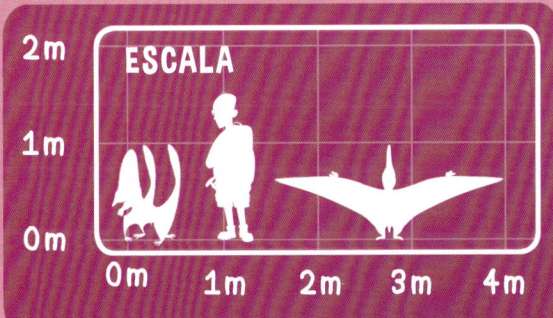

CAIUAJARA: O PATRULHEIRO DOS ARES

Olá, estou aqui para apresentar o *Caiuajara dobruskii*. O termo *caiua* se refere ao nome da rocha na qual ele foi descoberto, *jara* significa "antigo ser" e *dobruskii* é uma homenagem a Alexandre e seu filho João Dobruski, que descobriram os ossos em rochas na sua fazenda.

Milhares de ossos foram localizados nos pedaços de rocha retirados da fazenda, inclusive partes que representariam, pelo menos, 14 cabeças. Isso indica que ele não vivia sozinho.

Um fato bem estranho é que não há um osso sequer ligado a outro.

Todos estão desarticulados, em meio a uma grande bagunça de ossos. Eles pertencem a dezenas de pterossauros que morreram ao mesmo tempo.

Viver em enormes colônias na época de construir ninhos é um hábito comum de vários animais de hoje. Pinguins, albatrozes e garças fazem isso. Essa é uma forma eficaz de proteger os ninhos e garantir que os filhotes sobrevivam.

Os cientistas acreditam que os pterossauros eram bichos de sangue quente, como as aves e os mamíferos.

Algumas evidências disso são o corpo revestido por penugens e a capacidade de voar. Além disso, os outros dois únicos animais vertebrados que voam, as aves e os morcegos, têm sangue quente.

Voar é uma grande vantagem para um animal. Ele consegue fugir rapidamente de predadores e de tempestades. E até mesmo viajar para lugares distantes quando não há alimento ou quando o clima está muito frio ou muito quente.

Todos os bichos que voam são animais de sucesso.

O bico de um caiuajara não era igual ao dos outros répteis voadores. Nele não havia dentes e, por isso, muitos acreditam que seriam animais herbívoros que comiam, principalmente, frutos. No cardápio também poderiam estar os moluscos. Mas até agora ninguém tem certeza de como foi a alimentação dos caiuajaras.

O lugar onde viveram os caiuajaras, hoje o interior do estado do Paraná, foi um lago rodeado por um deserto de dunas.

Os paleontólogos perceberam isso por causa da escassez de plantas fósseis e por outros sinais nas rochas que indicam que a região sofria com a aridez.

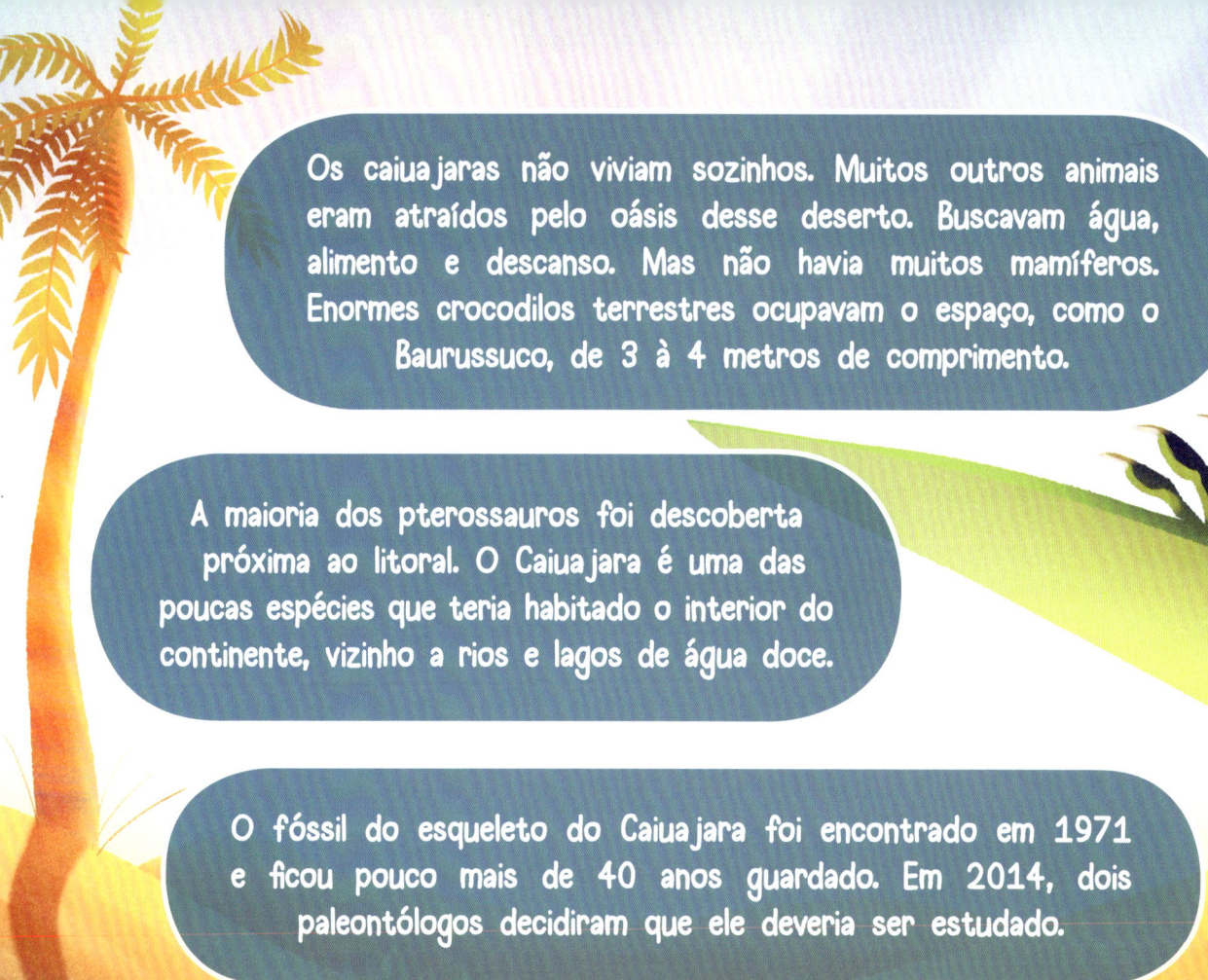

Os caiuajaras não viviam sozinhos. Muitos outros animais eram atraídos pelo oásis desse deserto. Buscavam água, alimento e descanso. Mas não havia muitos mamíferos. Enormes crocodilos terrestres ocupavam o espaço, como o Baurussuco, de 3 à 4 metros de comprimento.

A maioria dos pterossauros foi descoberta próxima ao litoral. O Caiuajara é uma das poucas espécies que teria habitado o interior do continente, vizinho a rios e lagos de água doce.

O fóssil do esqueleto do Caiuajara foi encontrado em 1971 e ficou pouco mais de 40 anos guardado. Em 2014, dois paleontólogos decidiram que ele deveria ser estudado.

Os cientistas ainda contarão novidades sobre o estilo de vida desses pterossauros.

NOME CIENTÍFICO
Caiuajara dobruskii

TIPO
Pterossauro tapejarídeo

ONDE FOI ENCONTRADO
Cidade de Cruzeiro do Oeste, Paraná

COMPRIMENTO DO CORPO
0,80 metro

ALIMENTOS PREFERIDOS
Peixes, moluscos e frutos

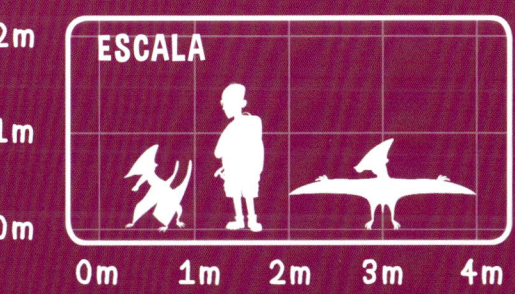

OS AUTORES

Luiz Eduardo Anelli é escritor e paleontólogo no Instituto de Geociências da Universidade de São Paulo, onde dá aulas e faz pesquisas sobre a vida pré-histórica. Foi o curador da maior exposição sobre dinossauros no Brasil, a "Dinos na Oca" (2006) e autor do projeto de aquisição do único esqueleto de *Tyrannosaurus rex* em exposição na América do Sul. Foi vencedor do prêmio Jabuti de literatura 2018, na categoria de livro infantojuvenil, com o livro *O Brasil dos dinossauros*.

Celina Bodenmüller é escritora, livreira e radialista. Este é seu décimo livro. Em 2015, um deles foi representar o Brasil na Feira Internacional de Bolonha, na Itália, e outro chegou às mãos de centenas de estudantes de escolas municipais de São Paulo. Escreve o *blog* "Dinossauros" do jornal *O Estado de S. Paulo* com o paleontólogo Luiz Eduardo Anelli. Apresenta o programa "Era uma vez", na rádio Mega Brasil Online, no qual entrevista pessoas que, como ela, são amigas dos livros e das histórias.

Douglas Franchin é quadrinista, ilustrador e professor de histórias em quadrinhos. Entre os títulos publicados por editoras internacionais, destacam-se *Halo Escalation*, *Savage Sword* e *Halo Adult Coloring Book*, pela Dark Horse Comics; *X-MEN Blue*, pela Marvel Comics; *Person of Interest*, pela DC Comics. No mercado nacional, produz ilustrações para várias editoras e ilustrou a *webcomic Volt no túnel* para a Sociedade da Virtude. Em 2018, lançou seu primeiro quadrinho intitulado, *Sem palavras*.